아고라

심지시선 006

아고라

2009년 6월 19일 초판 1쇄 발행

지은이 김희정
펴낸이 윤영진
편 집 함순례
디자인 한천규 이경훈
펴낸곳 도서출판 심지
등록 제 253호
주소 300 -812 대전광역시 동구 삼성동 125-2 4층
전화 042 635 9942
팩스 042 635 9941
전자우편 simji42@hanmail.net

ISBN 978-89-91109-67-4 03810

심지시선 006

아고라

김희정 시집

심지

□ 시인의 말

아고라 폐인으로 살았다 그곳에서 이웃의 삶을 만났다 촛불도 만났고, 기륭전자도 만났고, 용산참사도 만났다 5월 23일 아침 노무현 전 대통령도 만났다 내가 만난 사람들은 모두 아파 보였다.

지금 이 땅은 척박하다, 메마르다, 낯설다 이런 말들이 언제부터 마음에 똬리를 틀고 있었을까 기억이 없다, 아니 하고 싶지 않았는지 모르겠다 비겁하다고 자꾸 누가 말을 건다 눈도 돌렸다, 귀도 막았다, 그런데 자꾸 들린다.

버릴 수 있으면 버리고 싶다, 시詩든 뭐든 다, 사랑이란 이름으로 잡아 올린 생生들이 죽어있다, 거짓으로 그물질을 했나보다 썩은 냄새가 내 몸에서 진동한다.

이천구년오월이십구일어느늦은봄날밤에

김희정

차례

제2부

제3부

제1부

손

아내를 만지고

시詩를 쓰고

처자식을 먹여 살리는 손

그 손에도 독毒이 살고 있다

포근한 손을 닮고 싶었는데

자꾸 거칠어진다

너를 만져주지 않아

손에 그늘이 생긴 걸까

오른손과 왼손 번갈아 겹쳐본다

언제부터 이렇게 차가웠을까

문단속

아버지 죽자
엄마는 밤마다 빗장을 걸었다
명절 날 집에 가면
평상시 습관대로
숟가락을 문고리에 꽂았다
그 세월 엄마의 마음을 지켰던 은장도는
낡은 숟가락이었다
이번 추석날, 잠자리에 들던 엄마
늘 해오던 일 하지 않아
내가 숟가락 찾아 단속했다
엄마는 그러지 말라 한다
언제 저승사자 찾아올지 모르는데
문을 잠그면 헛걸음 한다고
나는 조용히 숟가락을 빼놓았다
엄마는 긴 숨 내쉬며 잠을 청하고 있다
새끼들 위해 날숨으로 버티어 왔던
엄마의 나날

문지방 밑에 내려놓은 숟가락 보며
나는 밤새 뒤척였다

캐피탈 빌딩

그림자 없는 빌딩들
우후죽순 도시에 자란다
하늘을 찌르듯 올라가는 기세
빛을 삼키고, 배설물은 썩고 썩어
개미들을 노리고 있다
시공간을 넘나들며 세워진 건물들
바이러스처럼 도시를 덮고
시 외곽으로 영역을 넓혀간다
작업속도가 빨라 공사기간을 단축시켜
새로운 신화 창조했다
빛이 그리운 일개미들 철야를 하다
하늘을 향해 쉼 없이 뻗어가는 빌딩 모습에
숨이 턱까지 차오른다
시멘트나 철근은 들어있지 않지만
뻐대는 철옹성을 방불케 했다
인력사무소에는 개미들이 넘쳐나고
대기자가 꼬리에 꼬리를 문다
견고하게 지어지는 만큼

산업재해도 빈번히 일어난다
음지식물처럼 피어나는 성전
일개미 피를 먹으며
오늘도 한 층 한 층 형체도 없이 올라간다

아리랑 고개

생生의 고개로 알려진 길
잡초처럼 질긴 목숨 걸며
풀꽃들 나무들 동무삼아
한 시대 이름 없이 살다간 그들
굽이굽이 넘었을 아리랑 고개

형체도 없고 지도에도 나와 있지 않지만
오늘도 고개를 넘는 사람들
눈물과 땀방울 그 길에 뿌려왔네

남으로는 진도 아리랑 고개
북으로는 함경도 아리랑 고개
질퍽한 길에 남긴 발자국들
높이도 알 수 없는 고개 넘으면
또 어떤 고개 기다리고 있을까

아라리의 일상에서
아라리를 꿈꾸며

징과 꽹과리, 장구의 장단 속에

신명나게 넘어가보세

탓

가끔 아스팔트 위에서 넘어져도

돌부리 어디 없나 먼저 찾아본다

하물며 억울한 일 당했다고 생각하면

말해서 뭘 하겠는가

네 탓, 내 탓이요

너와 나의 차이는, 늘

내가 건널 수 없는 강처럼 폭이 넓다

회초리

나무가 올곧게 자라는 것은
바람의 회초리 덕분이다
숲의 일부로 살고 있는 나무
한 살 한 살 더해가는 몸
그 몸에 난 자국은
나이테라 말하기에
나무는 너무 아프다
나는 나이를 먹으면서
점점 나이테가 사라지고 있다
잘못을 하면 검붉은 나이를 먹었던
희미한 기억
어머니가 주는 나이였다
지금, 내 몸에는 나이테가 없다
고사목이 되어
싸리나무 회초리도 들 수 없는 어머니
더 이상 내 몸에 나이테를 만들어주지 않아
나는 영영 나무가 될 수 없나 보다

안개

강
호
에
적
수
가
없
었
던
너는
전
생
에
무
사
였
다

블로그

견고한 성벽처럼
마음의 담장 높아지자
섬들이 생겨났다
세상을 부유浮遊하다
광장을 찾는 사람들
지하에 통로 만든다
섬과 섬을 연결하는 다리는
광캐이불이다
사람들은 누리그물에
소통의 집을 지었다
시공간을 넘나드는 길이 열린다
서핑하듯 이 집 저 집 들려
글을 남기고 음악을 전송한다
안부를 묻고 정을 나누는 곳
그곳에도 사람이 살고 있다

몽고반점 2

내 안의
초원을 잃어버린 날
말고삐 내려놓고
내가 먼저
거친 숨 몰아쉬었다

유목遊牧의 피가
온몸
뜨겁게 달굴 때
나는 후미진 골목 떠돌았다

초원이 잔잔한 바람으로
풀잎 눕힐 때
유목민은 대륙을 헤치며
꺾이지 않은 풀 보았다

그들 몸에서
초원을 물려받은 나는

초식동물처럼
날카로운 이빨 두려워
반도에 갇혀 산지 수 천년

내 몸의 빗장 풀고
끝없이 펼쳐진 초원을 향해
다시 말고삐 움켜쥔다

그 여자

나에게 모든 것을 건 여자가 있습니다
그녀에게 남자가 있었지만
나를 향한 목마름
온몸으로 표현했습니다
나는 지금까지 눈길 한 번 제대로 주지 않았습니다
그녀가 나에게 보내는 행동이 부담스러웠고
징그럽다는 생각마저 들었습니다
나에게 한 발짝 다가서려고 몸부림쳤지만
나는 그녀를 향해 포토라인을 설정했습니다
세상살이가 고달프다 느낄 때
그녀의 방문을 열고
소리 없이 안겨 울었던 기억이 납니다
그녀는 지소 없이 기꺼이 나를 받아주었습니다
나는 한 번도 진심으로 사랑한다 말한 적 없습니다
그녀의 품 필요하면
유행가 가사처럼 흥얼거렸을 뿐입니다
바람처럼 왔다 떠나가도
그녀는 그곳에서 나를 기다리고 있습니다

예수를 판 유다처럼

그녀를 저잣거리에 팔아

그 돈으로 폭음을 일삼았습니다

함부로 굴린 몸

말없이 안아주던, 그 여자

어머니.

저녁 밥

해거름 한참 후, 삽이 걸린다
아버지는 대포 한 잔 비운다
술기운으로 수저를 들지만
엉킨 밥이 무거워, 물을 붓자
밥알은 숟가락 사이를 휘젓고 다닌다
아버지는 농주 마시듯 꿀꺽꿀꺽 삼킨다
술과 물이 뒤엉킨 위처럼
아버지 생生은 물탄 막걸리였다
그 밥 먹고 자라
삽 대신 펜을 잡다 퇴근하는 길
꺾인 목을 세우다
밤하늘에 별 몇 개
축 늘어져
똑바로 볼 수 없다
하루가 노을에 물들고
길 잃은 별들 도심의 불빛과 사투를 벌이다
내 밥그릇에 우수수 떨어진다
밥알 사이사이 박힌 별들

밥그릇에 수북하다

아고라

다양한 새들이 날아왔다
잠시 쉬었다 가는 철새 무리도 보였다
새들은 자신의 목소리를 내며
생각이 다른 새들과 자연스럽게 소통했다
어디선가 총소리가 울렸다
광장을 겨눈 사냥꾼의 총소리였다
한 마리 새가 피를 흘리며 쓰러졌다
순간, 새들은 급하게 허공을 향해
날개를 퍼덕거렸다
새들이 떠난 자리
깃털 몇 개 바람에 방향을 잃고 있다
한낮, 유령 도시처럼
황금 동상만 햇살을 받으며
반짝반짝 빛날 뿐
어떤 소리도 들리지 않았다
하루에 한 번
청소부의 동상 닦는 소리가
정오를 알리는 시계추 역할을 했다

다양한 소리가 떠나자
앵무새처럼 똑같은 소리만
라디오 전파를 타고 지지지거렸다
광장에는 영혼 없는 새들이
떨어진 빵부스러기를 먹으려고
몰려들었다

제2부

맹물

가끔 어떤 사람 보면

맹물 같다는 생각을 했다

나는 맹물처럼 살지 않기 위해

발버둥 쳤다

걸어온 세월, 돌아보며

맹물을 곱씹어 본다

남은 시간

내 생生

맹물만 같아도.

배꼽 이야기

동네 우물이 말라
두레박은 허공에 축 늘어져 있다
수백 년 당산나무 이파리가
안으로 안으로 말려간다
가뭄의 그림자가 그만큼 길어지고
우물 바닥, 소리 없이 갈라질 때
사람들은 오한을 앓았다
땅속 수백 미터에서 올라오는
물줄기 찾을 수 없어
발을 동동거렸던, 어느 날
건장한 사내들
엄마 몸에 수맥을 찾겠다며 달려들었다
그날, 내 몸에도 우물이 생겼다
세상 가뭄에도 물이 풍부했고
사람들이 끼니를 걱정할 때
편하게 잠을 청했다
슬픔의 깊이를 알 수 없는 몸에서, 나는
두레박처럼 생명수를 끊임없이 퍼 올렸다

우물이 바닥을 드러내면
물을 찾아 엄마 몸을 헤집고 다녔다
지금은 폐공이 되어버린 내 배꼽
그 세월만큼 가뭄도 깊어지고 있다

속도

나는 지금 43km로 달리고 있다 1967년이라는 연식만 보면 더 운행이 가능하다 매년 속도가 높아질 때마다 두려운 마음 앞서 브레이크에 발이 올라간다 이런 행동은 출근시간 와르르 무너진다 정체 풀린 도로를 보면 나도 모르게 액셀러레이터에 힘이 들어간다 순간 상대방이 속도를 높이면 안전을 무시한 채 나 역시 속도를 높인다

몇 명의 친구는 규정 속도를 위반해서 사고가 난 적이 있다 과속과 운전 부주의라는 단서가 낙인처럼 찍혀 있지만 주인 잃은 신발은 고개를 젓는다 우리는 조등으로 죽음을 끌어안으며 사고 경위를 안주 삼아 밤새 술을 마신다

연식이 오래 되면 스스로 폐차장을 찾는 사람이 있다 브레이크는 점점 느슨해지고 녹색 엔진 오일이 검버섯처럼 피어서 일까

대부분 자신에게 주어진 속도로 달리다 차선이 없는 곳을 만나면 급하게 브레이크를 밟는다 잠시 속도가 정지하는 경험을 하다 주차증을 받는다 차는 그 동안 달려온 길과 이별하며 속도의 유혹에서 벗어난다

오늘도 나는 속도의 유혹을 좇아 도로를 질주한다

안락사

고통도 번뇌도 살지 않는 절
안락사에 부처님이 없다
병마에 시달리는 보살님들
텅 빈 대웅전에 들러
불공을 드린다
죽음을 잉태한 사리 품고
일주문 들어선다는 것이 쉽지 않다
가족의 울타리를 지키다
훈장처럼 달라붙은 검은 사리
장기臟器에 꽃밭을 만들었다
명의의 처방전이
휴지에 불과하다는 것을
느낄 무렵
걸어온 길 돌아보며
절로 향한다
주지 스님은
방문한 보살님과 담소를 나눈다
먹구름처럼 어두웠던 보살님 얼굴

연꽃처럼 피어나고
몸 안에 있는 죽음의 사리
마음으로 품는다

간판

밤거리 불나방이 되어
화려하게 외출하는 간판들
후끈 달아오른 몸
뭇사람 발길 잡기위해
어둠 삼킨다
더러는 수명 다한 간판
건물 벽에 매달려 풍장을 한다
부푼 꿈 안고
태어난지 얼마 되지 않아, 날선 지폐에
타살된 간판도 있다
하루에 수백 수천 개의 간판들
태어나고, 죽는다
햇살이 건물을 빠져나가면
삶과 죽음, 극명하다
몇몇은 고물상으로 끌려가
형체도 없이 도살되거나
간판업자에 넘겨져
새까맣게 타버린 내장 들어내고

다시 태어나는 경우도 있다

오늘도 간판은 외줄 타듯
건물 벽에서 곡예를 한다

새치

몇 번 시름하다
시간에 맡겨두었더니
잡풀처럼 번져간다
그 옛날 아버지 머리에서 솎아낸 새치
젊은 머리카락 따라 올라올 때
미안했던 마음보다
몇 개 뽑았는지에 관심이 갔다
아버지는 세월의 흐름 막을 수 없었던지
어느 날부터 염색을 했다
희끗희끗한 아버지 머리는 회춘을 했지만
염색약에 젖은 새치
서릿발보다 차가운 세상 풍파와
힘겨운 싸움 계속하지 않았을까
아버지 자리에 앉은 나
딸아이가 새치를 뽑겠다며 달겨든다
검은 머리카락 속에 흰 머리가락
마냥 신기해하는 딸아이
뽑은 개수 세는 모습

어릴 적 나를 닮았다

한 세대 건너서야 보이는
생生의 뿌리

굴뚝 청소부

굴뚝이 세상을 향해
콜록콜록거린다
폐부에
늙어버린 뻐꾸기 몇 마리 키운 걸까.

비정규직 노동자들
굴뚝으로 희망 올려보지만
담배 연기에서 만들어지는 도넛 모양처럼
금방 어디론가 사라진다.

공장에
한 무더기 아이들
견학을 와
굴뚝보다 먼저 입김이 새어 나온다.

공장 굴뚝은 열병하듯
허공을 향해 축포를 쏜다
연소되지 않는 연기를 보며

나는 마른기침을 한다.

빈집

남은 밥만 먹고 자랐어도
한솥에서 지은 밥이라며
식구라 여겼던 할머니
집 식구들 잠들고 나서야
잠시 서리 피할 집으로 돌아눕던 너를
손주 녀석처럼 귀여워 해주셨지
초복이 돌아오기 며칠 전
축 늘어진 줄만 남겨두고
너는 어디로 갔니
새벽 안개 산허리를 베고 돌면
컹컹거리던 그 목소리
펄펄 끓는 물에
스스로 들어가지는 않았겠지
할머니 따라갔다는 소문도 있었지만
나는 믿기 어려웠다
결핵이 살았던 내 폐에
선홍빛 피가 되어 준 것은 아니겠지
가끔, 몸 어디선가

너의 울음소리 환청처럼 들렸지만
나는 그때마다 깊은 잠에 빠져 있었단다
가을이 너의 집을 떠나갈 무렵
네가 남긴 털까지
낙엽 따라 자취를 감추었구나

찬밥

엄마 곁을 떠나왔다

아내도 며칠 친정에 갔다

덩그렇게 밥상에 앉아

너만 나를 지키고 있다

그런 너를

꾸역꾸역 목구멍으로 삼킨다고

생각한 적 있다

가을

파릇한 새싹의 기억
어디에도 없다
한여름
뜨겁게 달구었던 냄비
풍로에 그을린 흔적
생활에 남아 있다
이 가을
살기 위해 몸부림 쳤던 나무처럼
흐릿해진 꿈마저 떨구어야 할까
어느 사이, 나는
낯선 가을에 와 있다
이제 눅눅한 외투라도
걸쳐야 할까
아니면 무작정 겨울을 향해
걸어야 하나

자화상自畵象

I 막: 인생

나는 무엇을 꿈꾸었나?

II 막: 삶

어떻게든 살았다.

III 막: 생

아프다!

집 밥

하루 세끼 일용할 양식을 챙기는 나
밥이 허기를 채우는 음식이라 생각하는 순간
몸 어디서 올라오는 울음소리
엄마를 찾는다
핏발 선 눈으로 배회하는 모습
허기진 배를 움켜쥐고
초원을 헤매고 다녔을
그 짐승이다
밥을 아무 곳에서 먹는 날이 늘어나면서
몸에서 가시가 하나 둘 돋아났다
첫닭 울기 전
샘물 길러 지었던
엄마의 밥이 모습을 감추자
짐승이 되어
적의敵意의 송곳니가 밖으로 나왔다
김이 모락모락 올라오는 집 밥
허기뿐만 아니라
살의殺意까지 시들게 했다

촛불

아내가 죽은 날 나는 자유를 생각했다
이 여자 저 여자 마음껏 훔치며
십년 동안
한 번도 찾지 않았던 아내의 유택
그날 억지로 흘린 눈물의 대가로
선심 쓰듯 몇 점 잔디를 깔아놓은 봉분
어느 새 이 놈 저 놈 눕다간 흔적 역력하다
쑥부쟁이도 찾아들었고
잠시 자나가는 애기똥풀도 머물렀다
고사리가 지천에 깔린 사이로
소나무는 아내 배위에 앉아
점령군처럼 나 대신 아내를 지키고 있다
"자유란 이런 거야"
어디선가 아내 목소리가 들려왔다
하루하루 긴 그림자 늘어트리며
살아온 아내의 시간
소통을 막는 가스 일 분만 마셔도
숨이 막힌다는 사실

나는 생각하지 못했다
자본의 만능만 외쳤던 나는
광장에서 온몸 태우는 촛불을 보고
아내의 이름, 민주를 애타게 불러본다
무성한 풀밭에 몸을 맡긴 아내
대답이 없다

제3부

노인정

젊은 입담
동백 붉은 치마 들썩이게 하네
용광로 같은 뜨거운 마음
소복이 쌓인 눈을 품 듯
열 계집 열 사내 지나
겨울 건너 봄을 향한 노래 힘차고
반백년 연애 경험 쭈글쭈글하지만
깊은 골짜기 되어
사랑의 메아리 쩌렁쩌렁 땅을 흔드네
누가 노인정을 저승길 가는 첫 문이라 했는가
뜨거웠던 사랑
하루에도 수십 번 피었다 지는
붉디 붉은, 저 동백들

난시청 지역

생의 화면이 지지직거린다
안테나를 이리저리 돌려봐도
전파가 잡히지 않는다
무수한 알갱이들만 화면에 가득 차
방향을 잡지 못하고 있다
바람이 불고, 폭설이 내린 날
생의 전류는 두드러기처럼 일어나
세상을 향해 교신을 시도 한다
지지직 지지직
희미하게 화면이 잡힌다
엄마의 울음소리 들리고
누이의 신음소리 들리고
도살창으로 끌려가는
누렁소 발자국 소리 들려왔다
끝내 누구도 만나지 못한 채
화면 속으로 나는 걸어갔다

선풍기

날개가 쓸만해
목이 꺾여 버려진 선풍기 주워왔다
머리를 가누지 못한 선풍기
깁스를 해주니
더위에 허덕이는 나에게 소낙비처럼
바람 뿌린다
더위를 식혀주기 위해
밤낮으로 돌아갔을 날개 만지자
날카로운 서늘함 스쳐간다
붉은 핏방울 맺힌다
손가락을 입에 문 채, 선풍기를 바라보았다

누구의 땀 한 번 닦아주지 않았던 나
등줄기가 뜨겁다

지게

무너진 폐가 창고 모퉁이
지게가 앉아 있다
먼지 이불삼아 면벽에 든 것일까

구불구불한 길 지나
노을 길 걷는 지게가 보인다
짐을 싣고 어둠 헤쳐 갔던 모습
긴 세월 해거름처럼 빠르게 스쳐간다
지게는, 분명
연리지처럼 암수 한 몸 되어
만들어졌으리라

첫날밤
서로 다른 몸과 마음 만나
합방 이루어 꿈꾸었던 신혼 생활
그 생활 뒤로하고
주인집 살림살이 줄어들 때마다
고단한 마음 부려놓을 곳 없었겠지

가끔 삐거덕거리던 몸과 몸
퍽퍽한 길 걷는 주인과 함께 하고픈 꿈
아직 꾸고 있지 않을까

마흔 혹은 不惑

엄마 몸 열고 세상에 나올 때
배냇저고리 한 벌 받았네
보들보들한 옷은
습기와 온도를 조절해 주었네
세상 한파 파도처럼 일렁거려도
보온성 뛰어났네
그 옷 점점 작아져
긴 밤 몸부림쳤네
옷으로 가리고 가려도
추위와 굶주림으로 떨었네
체온은 계속해서 떨어지고, 나는 옷을 찾아
길 아닌 길 걸었네
좀처럼 수그러들지 않아
닥치는 대로 옷을 탐했네
옷 한 벌로 성불한 스님의 법문 뒤로하고
나는 모순矛盾을 이길 갑옷
애타게 찾고 있네

속고 싶었다

첫 가족 여행
처음 타본 비행기 안
어머니는 무슨 생각 하셨을까
평생 바닥만 기다
하늘을 나는, 그날
질기게 어머니 몸 붙잡았던 가난으로부터
자유스러움 느끼셨을까

여행길에서 만난 약장수
세월에 숭숭 뚫린 관절
메울 수 있다는 말에
어머니는 혹하신 것 같았다
나는 그 순간
약이 어머니 연골이 될 수 없다는 생각을 했다
평생 나에게 알면서 속았던 어머니 앞에서
약장수 말에 왜 나는 속지 못했을까

여우비

여우가 시집가는 날
몰래한 사랑 깨져버렸네
장대비가 천둥 번개 몰고와
내 마음에 쏟아 부었네
맑은 날
비를 고스란히 맞아야 했네
마음 한구석에 핀
무지개 밟고
그녀가 금방 사라져버렸네

카페

모니터에
아른거리는 이름들
흐릿한 얼굴 하나하나
기억 더듬어 그리다
커피향에 빠져든다
먼저 떠나버린 김광석을 불러
'서른 즈음에' 를 들으며
시간을 거슬러 올라간다
해바라기를 무대에 세워
'우리가 지금은 헤어져도' 를 열창시키면
떠나버린 첫사랑 돌아올까
이 가을, 카페에서
흘러나오는 음악
우리가 간직한 아련한 추억들

인간선언

— 기륭전자 비정규직 노동자 단식 60일

우리도 사람이다
희로애락 느낄 수 있는 사람이란 말이다
자식들이 책상에 앉아
열심히 공부하는 모습 보면
절로 웃음이 나온다
불의에 분노하는 마음 가지고 있다
이웃이 아파하면
눈물 고이는 눈 가졌다
올림픽 경기에서 메달을 따는 모습 보면
어깨춤 절로 올라가는 감정도 있다

우리도 사람이란 말이다
계절 변화를 꽃보다 먼저 알고 있는 사람이다
봄날 꽃들이 세상 밝히면
곱고 아름다운 자태에 눈길 쏠린다
여름날, 더위 피해 가까운 계곡이라도 가서
새끼들과 미지근한 수박 한 덩이 나누고 싶다
가을 단풍이 물들었다고

뉴스에서 오두방정을 떨 때
회사 정원에 몇 그루 나무를 보고
꺾인 허리 펴
높고 깊은 푸른 하늘 올려다보았다
겨울이 오면 김장을 하다
나보다 힘든 사람들 걱정도 했다

우리도 사람이다, 오감을 가지고 있는 사람이다
휑한 눈으로 오늘보다 나은 내일 기다렸다
내일은 비정규직 사라지겠지 하는 마음으로
귀를 쫑긋 세우고 라디오 뉴스 들었다
PCB기판에 납땜하다, 아찔한 연기 올라와도
언젠가 가족과 주말 함께 할 수 있다는
소망 품었다
회사 식당에서 한 끼 식사를 때워도 감사하는 마음으로
숟가락 혀로 애무했다
한 달 80시간 잔업에 100만원 채우기 힘든 주머니
무디어진 팔과 다리 위로하며 하루 보냈다

지금 우리 몸은 단식으로 장기 하나하나
기능이 떨어져간다
서서히 죽어가는 오장육부 느끼며
내가 사람이 아닐 수도 있다는 생각
처음 해 본다

10원짜리 동전

땅에 나뒹굴면
뒤도 돌아보지 않는 사람들
네 몸에 문신처럼 새겨진
다보탑 전설 때문일까
수천 년 전 네 주위 돌며
부처를 꿈꾸었던 수도승들
해탈의 길 가기 위해
다시 환생한 것은 아닐텐데
윤회의 바퀴 돌리다
어느 시궁창에 박혀 육탈을 해도
십원이라는 문양
업보처럼 짊어지고 가야 해
속세를 떠나
온몸에 시퍼런 녹이 겹겹이 쌓여
다비식 장작처럼 훨훨 타오르는 날
버거운 옷 벗어버리고
부처님 세상에 도달할거야

삼겹살

시커먼 먼지
목구멍까지 올라오는 날
불판 위 삼겹살 생각난다
햇살에 흘러내린 땀처럼
펄펄 끓는 기름, 토해낸 너
주는 밥만 먹는 그 몸에도
아픈 지층 남아있다
지방을 더 이상 받아들일 수 없을 때
하나의 벽 쌓아올리고
근육 만든다
이런 생활 죽는 날까지 하는 몸, 먹으며
단내의 의미를 새겨본다

테러리스트

— 용산참사

"테러리스트가 나타났다."
시민들은 양치기 소년의 목소리에
도심 속 외로운 섬, 망루에 있는
그들을 쳐다보았다
대테러 진압부대가 출동하고
전쟁을 방불케 하는 작전 명령이 떨어지고
테러리스트를 진압하기 위해
특공대는 망루로 향했다
폭탄도 총기류도 없는 테러리스트들
특공대에 쫓겨
내려올 수 없는 망루 꼭대기로 피신했다
좁혀오는 두려움, 온몸을 휘감는 공포
몇 평 망루는 순식간에 아비지옥으로 변하고
"여기 사람이 있다." 몸부림 쳐도
한 번 정해진 테러 진압 목표
바뀌지 않았다
바벨탑을 꿈꾸지도 않았는데
물대포와 불길에 무너져 내렸고

테러리스트들이 바라던 평범한 가정은
산산이 부서져 내렸다
진압이 끝난 뒤 다섯 명의 목숨
40대 50대 60대 70대였다
검게 그을려버린 테러리스트의 몸
테러범이라 믿기에 너무나 여린
이웃집 아저씨 우리 아버지 동네 할아버지라는 사실
소문으로만 떠돌 뿐
도심 한복판을 차지한 양치기 소년은
테러리스트라 부르고 있다

제4부

종이꽃

며칠 감기와 함께한 딸아이
색종이를 찾는다
몸에 열꽃 사라지자
시들었던 얼굴, 화색이 돈다
다양한 색종이에 꽃을 접는다
고사리 손으로 만든 종이꽃
"아빠, 눈 감아 봐."
내 손에 쥐어준 꽃다발
긴 숨 들이마시며
꽃의 향기에 빠져 든다
딸아이 몸에 피었던 열꽃
어느새 종이꽃으로 옮겨가
내 코끝 자극한다
종이꽃에 향기가 얼룩진다

꿀밤

딸아이가 말끝마다
"미쳤어"를 반복한다
듣다못해 딸과 약속을 했다
나쁜 말 쓰면 이마를 향해
꿀밤 한 방 날리기로

내가 말만 하면 꿀밤을 날린다
볼멘소리로 항의 하면
녹음기 틀듯
내 말 그대로 흉내 낸다
하루에도 몇 번씩
겨울날, 화롯불에서 군밤 터지듯
이마가 툭툭 터진다

딸 눈치 보며 신문을 보다
'미쳤어 미쳤어'를
머릿속으로 되뇌다
결국 입 밖으로 튀어나와

나만 잘 익은 꿀밤 먹는다

공중전화

가리봉동, 어느 골목길
외등만 눈길 주는 전화 부스
화려한 시절 뒤로하고
몰락에 몰락 거듭하다
지금은 우즈베키스탄 무용수가 단골이다
전화 부스에 들어가
그리운 얼굴을 찾는 그녀
부서진 언어들이 부스 안에 가득 찰 즈음
전화카드는 영을 향해 무너져 내린다

자본을 찾아 떠돌다
무대에 불시착한 그녀의 몸
연체동물처럼 밤을 감고 또 감아도
깨진 독에 물을 채우듯
꿈을 향한 목마름 가시지 않는다

프레가나* 벽화에 남은 우주인처럼
이국땅에서

고향을 향해 쏘아 올린 전파
AM 방송처럼 소리가 꺾인다
자본의 벽화는 점점 견고해 지는데
공중전화가 철거 되면
그녀는 또 다른 송신기 찾아
어느 밤거리 떠돌아야 할까

* 만년 전에 누군가가 우주베키스탄에 있는 동굴에다 그려놓은 벽화로 추정되는데 우주인과 우주선이 그려져 있음.

십이월

달력을 떼어내고
휴대전화를 꺼냈다
번호를 누르며
만남의 기억 더듬는다
더러는 죽거나 연락두절
쉽게 번호를 지우는 내 모습
낯선 이름이 바라본다
어느 술자리에서
명함 대신 주고받았던 기억
스치기만 해도 인연因緣이라 했는데
불가의 말 뒤로 한 채
무관심 했다
나 역시, 이 밤 그에게
삭제되고 있지 않을까

부도

살아오면서 얼마나 많은 말
발행했을까
나는 지금 기억이 희미하다
고비를 넘기려
한 장 한 장 발행한 어음처럼
세상 떠돌고 있겠지
오늘도 환청처럼
낯익은 목소리 들린다
기간 연장 받기 위해
목구멍으로 올라오는 말 견디며
침을 삼킨다
만기가 초침처럼 목을 찌를 때
발행한 말들
도시의 레온사인 불빛 아래서
죽기를 바랬다

칼의 운명

1

면포綿布로 온몸 애무 받다
출정의 날
퍼런 날은 달빛을 삼켜
누군가의 목을 향해 바람처럼 스쳐간다
보기만 해도 숨골이 막혀
대부분 오금을 저리다
스스로 정신을 잃는다
한 번 피 냄새 맡으면, 승냥이처럼
죽음의 그림자 좇다
주인 운명과 함께 막을 내린다

2

살과 뼈 사이를 물처럼 흐르는 칼
횟감이 잠시 바다를 생각할 때
살 이곳저곳 저미다

칼이 몸에서 빠져나오면
가쁜 숨 몰아쉬는 먹잇감
이쯤 되면
횟칼 스스로 자제할 능력이 없다
긴장감 이기기 위해
매일 숫돌에 몸을 맡겨
야위어만 간다

3

술집에 가면
과일 몸을 더듬는 칼이 산다
이 몸 저 몸 스미다
단골손님 입맛 베어버린다
아무리 속살 휘저어도
하나만 품고 사는 것이 이 동네 법도이다
다른 향에 취하지 않아야
손님 입맛 지키는 칼이 된다

4

엄마 손에서 춤을 추는 부엌칼
칼잡이 손에 살기가 없어 온순하다
죽어라 일해도 알아주지 않아
가끔 칼의 본성 살아나
피맛이 그리워 엄마 손 파고든다
그럴 때 강호에 나가고 싶은 꿈도 꾼다
잘난 칼과 맞대결 통해
자신의 존재 세상에 알리고 싶다
그 꿈 접기까지 만만치 않았던 세월
묻어두고
결국 날을 세우지 않았던 것은
가족을 지켜야 했기 때문이다

5

칼은

대장장이 손에 태어나 다양한 삶을 산다
시정잡배 손목 잡혀
뒷골목 빠져나오지 못하기도 하지만
영웅 손에서
세상 호령하는 일도 있다
칼의 운명은
어떤 주인을 만나느냐에 따라
결정 된다
그 길에서 만난 주인들
검도劍道의 길 가길 바랄 뿐이다

옷

총각시절
사계절 팬티까지 벗고 잤다
결혼 후
아침마다 세상이라는 총구가 두려워
방탄복 입듯 옷을 챙겨야 했다
완전무장 하고서도
패잔병이 되지 않기 위해
경계의 눈초리 놓지 않았다
퇴근하면 무장해제 하지만
저격수 생각에 몸을 떨었다
딸이 태어나고
입어야할 옷가지가 늘어나면서
빨리 집으로 돌아가 옷을 벗고 싶었다
하지만, 어깨를 짓누르는 옷
함부로 벗을 수 없었다
가끔 술 먹고 용기를 내보지만
아침이면 어김없이 옷을 입어야 했다
훌훌 벗어버리고 싶은 마음

상사병처럼 깊어지면, 나는

낯선 여인숙으로 향한다

희망을 싣고

교문을 나선 아이들
많은 버스 중
집에 갈 첫 차가 보이지 않는다

버스들은 달리기 경주하듯
앞서거니 뒤서거니
아이들 태우고
세계 명문 대학을 향해
다람쥐 쳇바퀴 돌듯
급하게 도로에 뛰어든다
한무더기 아이들을 태운 버스
정해진 시간과 코스 따라
속도를 낸다
앞 버스는 옥스퍼드가 종착역이다
뒤를 이어 하버드로 가는 버스가 출발한다
버스는 몇몇 경유지를 거쳐
세계 여러 대학 이름을 딴 학원 간판을 달고
오늘도 쉬지 않고 달린다

학원 앞에서
버스는 급하게 먹은 음식 토해내듯
아이들을 쏟아낸다
꿈을 새겨 넣듯 만들어진
모짜르트 학원 가방
페르마 학원 가방
아인슈타인 학원 가방을 들고
아이들은 간판 속으로 뚜벅뚜벅 들어간다

세계 유수의 대학, 음악가, 수학자, 과학자를
오늘도 만나지 못한 채
막차에 몸 싣고
집으로 가는 아이들

시집 5

내게 자식 같은 시詩가 있을까
시를 시집 보낼 때
데려만 가도 고마워했다
아기를 낳아 보아야 모성애를 안다 했던가
그 계절 돌아오면
첫 산고의 기억으로 아랫배가 묵직해진다는
어머니
산고의 기억이 같다고 말하기에
나는 어머니께 너무나 부끄럽다
내가 낳은 자식은 지금, 어디서 무엇을 하고 있을까
이름조차 잊어버린 새끼들
어미의 무책임한 출산으로
헌책방 골목에 묻혀 있겠지
어떤 잡지에 실린 것은 고물상에 누워
풍상風霜을 겪다
죽음 맞이했을 것이다
몇 놈은 책꽂이에 끼여
숨을 헐떡거리고 있지 않을까

아직 출산의 아픔에 대해 짐작도 못한 채
나는 시詩를 낳고 있다

신발장

소주 한 병으로
세상 추위 덮고 현관문 들어선다
신발장 열자, 그는
나를 대신해서 가족을 지키고 있다
아내의 신발, 딸 아이 신발
가까운 거리를 머슴 부리듯
마구 끌고 다녔던 슬리퍼까지
내 발걸음만큼
너도 하루가 고단했으리라
뒤엉킨 채 아무렇게나 드러누워
잠든 신발들
놀이방을 향하는 발걸음부터
엄마 좇아 이곳저곳 걸었을 딸아이 시간
후두득 신발장 밑으로 떨어진다
닦아주지 못했던 아내의 신발
한쪽 뒤축이 많이 달아 있다
불편한 길 걷고 걸었던 마음 견디며
발걸음 맞추기 위해 노력했을 다른 한 짝까지

내가 채워주지 못한 역할

너는 충실하게 하고 있었구나

내일이면 다시 세상에 나갈 신발들

따스한 마음으로 품고 있는, 너

네가 가장이다

장판

장판이 버려져 있다
저 장판에서 한 가족이 하루 풀었을 것이다
고단함도 즐거움도 포근하게 받아 준 장판
주인의 삶을 말없이 품다
온몸에 곰팡이 꽃 피어났다
오래 전, 우리 가족 지켰던 장판
군데군데 장작불에 눌어붙었다
겨울이면 내가 그곳을 눈독 들였지만
아랫목은 할머니 이름이 새겨져 있었다
가끔 내 차지가 되면
시기어린 누나들의 눈초리
가시방석처럼 나를 불편하게 했다
봄바람이 불고
장판에 그려진 시들어버린 꽃들
생기가 돋을 때
나보다 할머니가 더 필요할 것이라 생각했다
내 마음 눈치 챈 할머니
가족을 끌어안다 생긴

상처투성이 장판 거두어내고
새 장판을 깔 무렵
나는 달콤한 엿 생각을 했다
엿장수 수레에 남겨진 장판
숭숭 뚫린 구멍 사이로
나비들이 날아오른다

지각

늦은 퇴근 시간 밥 때 놓쳐 배가 고파 분식점에서 대충 때웠다 현관문 열자, 거실에서 딸아이가 자고 있다 옆에는 종이로 만든 카네이션과 과자 봉지 놓여있다 유치원에서 오늘 어버이 날이라고 만들었다고 한다

'아빠 왜 안 와.'

아내한테 투정부리다 눈을 부비며 잠을 내몰았을 딸아이 마음 생각하다 엄마 생각이 났다, 그것도 잠시 배고픔을 조금만 참았으면 딸아이가 만든 꽃도 받고 사랑한다는 말 오늘 들을 수 있었을 텐데……

나는 세상 모든 일에서 꼭 지각을 한다 엄마 생각하는 마음처럼

나무 노무현

– 노무현 전 대통령 靈前에

당신, 전생에 나무였지요
찌는 듯한 무더위에 온몸 던져
국민들 그늘 만들어 주려 했고
겨울 피하지 못한 베짱이 만나면
여름 태양 아래
땀 흘려 만든 탐스러운 과일
함박웃음 지으며 내놓고 싶어 했지요
봄날 거친 바람 불어도
그 자리 지키며
세상 풍파 견디어 온 지난 세월
때로는 손발이 잘려나가고
때로는 뿌리만 남더라도
국민을 향한 사랑
끝내 포기하지 않았던 당신
가슴속 깊은 곳에서
옹달샘처럼 쉼 없이 솟아난 사랑
가뭄에 목마른 사람들
당신 있어 행복했어요

긴 가뭄 끝에 인심나기 어려운 풍진 세상
동네 우물처럼 당신 마음 국민들에게 향했지요
열매를 원하면 열매를 내 주고
가지를 원하면 가지를 잘라 주고
몸뚱이를 원하면 몸뚱이를 내놓았던, 당신
아낌없이 주는 나무처럼
그 마지막 남은 밑둥까지
지친 국민들 위해 의자로 남겨 두고픈 마음
나무가 아니면 할 수 없는 사랑이었어요
나무의 품성 지닌 당신
국민을 향한 사랑 때문에
이 세상에서 견인주의자로 살 수 없어
얼마나 아프고 힘들었을까요
염치없고 뻔뻔하고 부끄러움 모르고
넉살 좋은 국민들 위해
선산을 지키는 소나무처럼
대한민국을 영원히 지켜주소서

해설

광장 "아고라"에 모인 일상과 참여의 몸짓들

송기한(문학평론가 · 대전대 교수)

김희정의 두 번째 시집 『아고라』는 제목에서부터 우리에게 친숙함을 주고 있다. 인터넷을 사용하는 사람치고 "아고라"라는 말을 모르는 사람이 없을 것이기에 그러하다. 요즘의 "아고라"는 우리 사회의 주요 쟁점을 두고 자유로운 토론과 치열한 공방을 주고받는 대화의 공간인 것이다. 남녀노소, 계파나 입장의 차별없이 논객으로 활약할 수 있는 장의 대명사인 것이 "아고라"다. 그런 만큼 오늘날의 "아고라"는 사회의 모습을 단적으로 보여줄 뿐만 아니라 사회의 에네르기를 가늠할 수 있는 척도가 된다고도 할 수 있다.

김희정이 시집 제목을 "아고라"로 내세운 까닭 역시 인터넷의 그러한 여러 특성을 십분 고려한 것에서 찾아볼 수 있지 않은가 한다. 우선 그가 인터넷 세대라는 점과 그가 지닌 사회에 대한 높은 관심과 참여도를 떠올릴 수 있을 것이다. 시편들에 드러나는 시인의 모습은 인터넷 세대로서의 개방적인 태도 및 사회를 보는 민주주의적 지향성을 강하게 암시하고 있기 때문이다. 그에게 "아고라"는 단순히 온라인상의 한 페이지가 아니라 자신과 일치하는 코드가 된다. 이 외에도 김희정은 "아고라"를 통해 삶의 다양성을 가감없이 담아내고 싶었던 것으로 보인다. 삭제되거나 검열되지 않는 관심의 다양성들을 있는 그대로 수용함으로써 일상의 넉넉한 폭을 그려내고자 한 데서 그가 "아고라"를 제목으로 세웠던 이유의 일단을 발견할 수 있다.

실제로 그의 시편들은 다양성과 개방성, 그리고 비판성을 특징으로 하고 있다. 그의 시편들은 시인의 일상적 체험 영역들을 폭넓게 아우르면서 그를 통해 자아의 성찰적 면모들을 꾸밈없고 솔직하게 보여주고 있다. 그의 일상들은 따뜻하고 섬세한 정서의 망에 걸러져 잔잔한 물결을 이룬다. 또한 그것은 일회적인 단편으로 그치는 것이 아니라 시인에게서 반성적 시선을 끌어내기 위한 한 계기가 된다. 이로써 시인의 내면은 그 폭과 깊이를 점차적으로 더해간다 할 수 있다.

일상을 통해 성찰을 보이는 시편의 특성을 다양성과 개방성이라 한다면 비판성은 시인의 사회 참여의식에서 비롯되는 부분이다. 일상적 체험을 주 내용으로 하고 있는 시편들에 비해볼 때 사회 참여적 특징을 드러내는 시편들은 분명 시인의 또 다른 면모로서, 성찰적 특성과 달리 시인의 날카로운 통찰을 과시하고 있다. 시국에 관하여, 자본주의에 관하여, 문명에 관하여 예리한 비판의식을 보이는 모습은 시인에게 비판성이 주된 특징으로 자리하고 있음을 알 수 있다. 말하자면 다양성과 개방성, 비판성을 지니고 있는 시인의 시선은 일상성과 사회성이라는 양 부면으로 그 모습들을 예각화 혹은 구체화시키고 있는 것이다. 그리고 시인은 이들을 어느 것 하나 소홀함 없이 모두 끌어안아 "아고라"라는 광장으로 끌어내고 있다.

1. 일상의 감각들

그의 시편들에 떠오르는 일상들은 다양하다. 커피를 마시면서 떠오르는 노랫말, 퇴근 후 집에 왔을 때 눈에 띄는 사물들, 딸아이의 말버릇, 인터넷에서 마주친 블로그, TV 속에 등장하는 화면들 등이 그것들이다. 어쩌면 어떠한 필연적 맥락없이 선택된 소재들이라 할 만한 것들, 때문에 우연적이고 가볍게 선택된 소재들이 시인의 작품들의 주제가 되고 있는 것이다. 이러한 특징으로 인해 그의 시들 속에서 일관된 세계관을 읽어내는 일이 어렵게 느껴질 수도 있을 것이다. 또한 시들이 단편적 소재들의 단순한 나열이라는 인상도 줄 수 있을 듯하다.

그러나 이러함 속에는 일상들의 다양성 이외에도 시인의

주요한 부분, 즉 의미를 열어가는 정서적 물길이 오롯이 나타난다는 의의도 담겨있다. 시인은 다양성의 소재들을 통해 뚜렷하고 일관성 있게 자신의 정서의 물결을 부각시킨다. 이때의 정서는 감각에도 이성에도 치우쳐 있는 것이 아니라 감각에서 이성에까지 정신의 모든 기능들을 한데 융합시키는 종합적 특질을 지니는 것임을 알 수 있다.

지지직 지지직
희미하게 화면이 잡힌다
엄마의 울음소리 들리고
누이의 신음소리 들리고
도살창으로 끌려가는
누렁소 발자국 소리가 들려왔다
끝내 누구도 만나지 못한 채
화면 속으로 나는 걸어갔다

―「난시청 지역」 부분

인용시는 언제나 있는 것이기에 특이할 것도 없는 TV화면의 모습을 소재로 한 작품이다. 잘 잡히지 않는 화면을 앞에 두고 안테나를 이리저리 돌려보는 모습을 상상케 하므로 위의 시는 소재를 감각적으로 처리하고 있는 점이 특징적이다. '지지직' 거리는 소리, '무수한 알갱이들로 가득한 화면', 이를 야기시키는 '바람'과 '폭설'의 묘사는 소재에 대한 감각적 형상화를 잘 보여주고 있는 것이다. 그러나 이런 감각적 묘사에만 함몰될 경우 이 시는 시인의 특장을 잘 구현하지 못하였을 터이다. 시인은 사물에 관한 이미지적 형상화에만 주안점을 두지 않고 있기 때문이다. 그는 그것을 수용하고 용해시켜 이로부터 정신의 소용돌이치는 깊은 영역으로 형이상의 추를 길게 늘어뜨린다. 이 영역은 감각이 뚫고 들어가 파문을 일으키는 부분, 정서의 무늬를 각인시키는 부분이자 성찰과 이성으로 나아가는 물길을 여는 부분이다. 이곳에서 자아의 진정한 모습이 얼굴을 드러내며 타자들이 끌어들여져 대화가 이루어지고 관계가 형성된다. 따라서 때론 우울함도 슬픔도 아픔도 자리하는 곳이 이곳이다. 「난시청지역」의 '엄마의 울음소리', '누이의 신음소리', '도살창으로 끌려가는 누렁소 발자국 소리'는 바로 타자들과 만나 생기는 관계의 무늬라 할 수 있다. '화면'을 감각하는 자아는 이로부터 '울음소리' 내는 '엄마'와 '신음소리' 내는 '누이'를 만나는 장을 떠올리는 것이다.

이처럼 감각과 감성, 감성과 이성을 한데 용해시켜 자아의 울돌목을 만들어내는 특질은 이번 시집의 여러 작품들에서 공통적으로 나타나는 요소다.

몇 번 시름하다
시간에 맡겨두었더니
잡풀처럼 번져간다

그 옛날 아버지 머리에서 솎아낸 새치
젊은 머리카락 따라 올라올 때
미안했던 마음보다
몇 개 뽑았는지에 관심이 갔다
아버지는 세월의 흐름 막을 수 없었던지
어느 날부터 염색을 했다
희끗희끗한 아버지 머리는 회춘을 했지만
염색약에 젖은 새치
서릿발보다 차가운 세상 풍파와
힘겨운 싸움 계속하지 않았을까
아버지 자리에 앉은 나
딸아이가 새치를 뽑겠다며 달겨든다
검은 머리카락 속에 흰 머리카락
마냥 신기해하는 딸아이
뽑은 개수 세는 모습
어릴 적 나를 닮았다

한 세대 건너서야 보이는
생生의 뿌리

—「새치」 전문

일견 무의미할 것 같은 일상의 아주 사소한 사물인 '새치'가 시인의 시선에 포착되어 시인 고유의 개성을 드러내게 될 때까지의 과정은 정신 작용이 거치는 일련의 궤적과 일치한다. 감각에서 정서로, 정서에서 성찰로의 궤적이 그러하다. 또한 정서역에서 만나게 되는 여러 타자들, 아버지나 딸아이는 시적 자아와 관계를 맺으며 자아에게 일정한 감정의 물결을 만들어내는 것이다. 뿐만 아니라 여기에서 멈추지 않는 정신작용은 결국 인생을 통찰하는 이성의 기능으로까지 그 물길을 열어가고 있음을 알 수 있다.

이들 과정을 거치면서 '새치'는 어느덧 '생의 뿌리'가 된다. '새치' 있는 '나'는 '아버지'가 되고 '딸아이'가 되며 현재의 '나'는 과거의 '나'와 미래의 '나가' 된다. 감각이라는 표면으로부터 시작된 '나'는 일련의 정신 작용에 힘입어 깊이와 폭을 갖춘 성찰적 자아로 거듭난다. 이 안에서 시간의 믹스가 일어났고 타자들의 뒤섞임이 일어났으며 정서의 소용돌이가 지나갔다. 그리고 이를 관조하는 이성의 반성적 사유가 뒤이어 전개되었다.

이러한 과정을 두고 자연스러운 연상작용이라 이름할 법도 하다. 그러나 이러한 작용이 일관성있게 반복될 때 이를 두고 무의식적 정신작용이라기보다는 치우침없이 정신의 종합적 기능을 발휘하는 시인의 개성이라 하는 편이 더욱 타당할 것이다. 사물을 예사로이 넘기지 않는 시인의 감각이 돋보이는 것도 이 때문이거니와, 시인은 사물을 자기의 세계 속으로 끌어들여 일순간에 그것을 자기화해내는 기능적 정신작용을 구사하고 있다. 이때 시인의 감각은 시인과 세계를 폭넓게 관계맺게 하는 유용한 매개이자 장치가 된다 할 것이다.

2. 성찰의 루트

일반적으로 시인들은 자기 세계의 깊이를 증명하기 위해 내면을 집중적으로 추적해 들어간다. 내면에 솟았다 사그라지는 사유의 흔적들은 이때 아름답고 화려한 선이 되어 완성된 작품으로 탄생하기 마련이다. 추상화가 되었든 동양화가 되었든 한 폭의 그림으로 형상화된 시인의 내면은 그 깊이와 무늬로써 눈부신 빛을 발하곤 한다.

이에 비하면 김희정 시인의 경우 내면은 본격적인 조명을 받지 못한다고 말할 수 있다. 김희정 시인은 자신의 내면에 집중하기보다는 앞서 언급했듯 일상의 사물에 시선을 던져 그것들이 스스로 자신을 끌어들일 때까지 기다린다. 사물이 자기를 풀어헤치고 시인의 기억 속에서 일치점을 찾아낼 때까지 시인은 묵묵히 사물을 들여다본다. 그리고 사물이 비로소 기억을 헤집어내어 자신을 흔들어 댈 때에 천천히 그 속으로 발을 들여놓는다. 그렇기 때문에 시인에게 내면의 집중 조명은 좀처럼 만나기 힘든 요소라 할 수 있다.

그러나 이 점이 시인에게 내면을 삭제한다거나 깊이가 부재하다는 점을 말해주지는 않는다. 시인의 시에는 분명 내면속에서의 성찰이 이루어지고 있기 때문이다. 그리고 이때의 성찰적 내면에서는 여느 시인과 다를 바 없는 무늬와 깊이가 아로새겨져 있음을 알 수 있다. 그렇다면 집중적인 조명 없이 이루어지는 깊이는 어떻게 이루어질 수 있는가. 그것은 사물과 자아 사이의 유비추리를 통해 환기되는 성질의 것이라 할 수 있을 것이다.

달력을 떼어내고
휴대전화를 꺼냈다
번호를 누르며
만남의 기억 더듬는다
더러는 죽거나 연락두절
쉽게 번호를 지우는 내 모습
낯선 이름이 바라본다
어느 술자리에서
명함 대신 주고받았던 기억
스치기만 해도 인연因緣이라 했는데
불가의 말 뒤로 한 채
무관심 했다
나 역시, 이 밤 그에게
삭제되고 있지 않을까

―「십이월」 전문

'휴대전화 속의 번호'가 일으키는 기억들은 비단 가까운 지기들만을 가리키지 않는다. 가까운 사이였다해도 '죽거나 연락두절'의 주인공들은 기억위로 떠올랐다 지워지는 대상들이다. 그 속엔 명함 대신 전화번호를 나누었던 스쳐 지나가는 인물들도 존재한다. 일상 속에서 누구든지 흔히 겪게 되는 이러한 체험에는 내면의 결들에 대한 상세한 묘사를 요하지 않는다. 번호를 지우는 공통된 경험만으로도 우리는 모두 동일한 내면을 공유하게 되기 때문이다. 시간에 관한, 이별에 관한, 만남과 의미에 관한 다채로운 사유들을 우리는 일순간에 모조리 해낸다. 타인과의 인연에 있어 존재의 비중감 같은 것들도 이 순간 하게 된다. 그리고 우리는 대체로 누군가에게 의미있고 가까운 사람으로 존재하고자 하는 소망을 확인한다.

이들 등속의 사유의 소용돌이를 헤맨 이후 찾아오는 일이란 무엇일까에 대해 시인은 이를 극명하게 제시해준다. 그것은 곧 '성찰'이다. 어떠한 사물이나 현상의 양상을 그대로 '나'에게 적용해 보는 것, 그러한 행위는 유추의 매개를 통해 '나'의 영역으로 직행하는 것에 다름 아니다. '나' 역시 누군가에게 있어 일회적이고 무의미한 존재가 될 수 있다는 생각은 '나'를 멈칫하게 만든다. '나' 또한 고민없이 '삭제되는' 존재일 것이라는 점은 인간관계를 소홀함과 무관심으로 이끌었던 '나' 자신에 대한 반성과 성찰을 유도하게끔 한다.

아내를 만지고

시詩를 쓰고

처자식을 먹여 살리는 손

그 손에도 독毒이 살고 있다

포근한 손을 닮고 싶었는데

자꾸 거칠어진다

너를 만져주지 않아

손에 그늘이 생긴 걸까

오른손과 왼손 번갈아 겹쳐본다

언제부터 이렇게 차가웠을까

―「손」 전문

'손' 이 매개가 되어 성찰하게 되는 부분은 '나' 의 내면에 새겨진 성격에 관한 것이다. '차가움', '거칢', '그늘', '독' 등은 마음속에 길러진 성격에 해당한다. 그리고 그것이 '마음' 을 만들어 갈 수 있었던 까닭은 '손' 이야말로 생활의 주된 도구이자 주체이기 때문이다. '손' 은 시적 자아의 생활의 중심에 놓여 있는 존재다. '손' 은 일을 할 수 있게 하고 사랑을 할 수 있게 하고 밥을 먹게 한다는 것이다. 성찰을 통해 시적 자아가 꿈꾸는 성격은 '포근함' 이다. 시적 자아는 따뜻하고 부드러운 '손' 을 가꿈으로써 성격 또한 그리 될 수 있기를 소망한다.

실상 일상 속에서 '손' 에 시선을 드리우는 일은 드물지만 그렇다고 특이한 일도 아니다. 따라서 우리는 '손' 을 주시하는 시인의 시선에서 그다운 개성을 읽게 된다. 사소하기만 한 사물에의 응시, 그로부터 시작하여 내면에의 고찰로 이어지는 일련의 과정은 시인 특유의 시창작법을 말해준다. 또한 '손' 에 관한 유추를 통한 '성격' 에의 성찰은 그 짜임의 논리성에서뿐 아니라 사유의 깊이에서도 부족함이 없음을 말해준다. 이때 시인은 본격적으로 자기 내면을 조망하는 대신 '손' 이라는 사물이 스스로 말을 시작하여 본질의 깊이에까지 육박해 들어가도록 길을 열어주며 기다리기를 계속하는 것을 알 수가 있다.

3. 비판의 사회

김희정 시인의 이번 시집에 주된 요인이 되고 있는 다양성과 개방성, 그리고 비판성은 소재의 일상성과 자아 성찰, 그리고 사회 참여 의식에 각각 대응된다. 일상생활 속에서 선택되는 소재상의 특성이 시적 다양성으로 이어지고 이들

소재를 매개로 자아와 타자간 관계 맺기를 시도하고, 성찰적 자아를 이끌어냄이 개방성에로 귀결된다는 점은 앞서 고찰한 대로이다. 이제 남은 문제는 '비판성' 을 구체화시키는 경로가 무엇인가 하는 점만이 남아있다.

앞에서도 살펴보았듯 김희정 시인은 일상에서의 사소한 사물과의 조우를 우연으로 치부하지 않고 이를 매우 의미있는 영역으로 전화시키는 특질을 보여준다. 시인의 시선에 포착된 사물들은 단지 감각적 대상으로 머물지 않고 깊이 있는 사유와 성찰이 가로지르는 넓은 장이 되기 때문이다. 사물은 스스로를 있는 힘껏 주장하면서 동시에 시인의 내면 속에 숨어 있던 잠든 존재를 일깨운다. 사물을 통해 자아는 깨어나고 새롭게 거듭난다. 말그대로 사물은 존재가 숨쉬는 드넓은 광장이 되는 것이다.

그러나 "아고라"는 일상의 다양성만을 수용하는 광장이 아니다. "아고라"는 더 넓은 광장, 보다 넓은 광장이고 또한 그리 되어야 할 것이다. "아고라" 에서 시인이 사물을 통해 환기하고자 했던 것이 일상성과 자아의 영역이라면 또 다른 영역에는 사회성이 존재한다. 사회성은 일상성과 다른 영역, 다른 경로를 통해 "아고라" 안으로 포섭된다. 그것은 단도직입적 성격을 지닌다. 시인은 별다른 매개 없이 직접적으로 발언한다. 사회에 대해, 체제에 대해, 문명에 대해 어떠한 머뭇거림이나 장식없이 시인은 직설적이고 단호하게 발화한다. 이러한 그의 태도는 명쾌할 뿐만 아니라 그 비판적 성격이 서슬 퍼럴 정도로까지 생생하다.

그림자 없는 빌딩들
우후죽순 도시에 자란다
하늘을 찌르듯 올라가는 기세
빛을 삼키고, 배설물은 썩고 썩어
개미들을 노리고 있다

―「캐피탈 빌딩」 부분

밤거리 불나방이 되어
화려하게 외출하는 간판들
후끈 달아오른 몸
뭇사람 발길 잡기위해
어둠 삼킨다

―「간판」 부분

'캐피탈 빌딩' 이나 '간판' 이 가장 먼저 연상시키는 사실은 그것들이 자본주의를 환기하는 상징적 매체라는 점이다. '캐피탈 빌딩' 을 통해서 우리는 고속행진하는 자본 확장의 면모를, '간판' 을 통해서는 현란한 번득임을 앞세운 거리의 집요한 상업 행위를 떠올리게 된다. 모두 자본의 힘을 통해 자본주의를 공고히 하는 본질적 매개체들이라 할 수 있다.

그러나 인용시에서 풍겨나고 있듯이 '캐피탈 빌딩' 과

'간판' 을 보는 시인의 시선은 대단히 비관적이고 우울하다. 우선 시인은 '캐피탈 빌딩' 을 부패하고 어두운 것으로 묘사한다. 이 작품에서 '개미' 는 '빌딩' 의 기세에 눌려 더할 수 없이 작아진 보통 사람들 내지 일꾼들을 의미한다. '캐피탈 빌딩' 은 '개미' 들을 착취하여 세워진 음험한 자본의 실체가 된다.

'간판' 을 보는 시선 역시 우울한 것은 마찬가지다. '간판' 은 겉과 속이 다른 자본주의적 이중성을 처절히 보여주는 장본인에 해당한다. '밤' 만 되면 '어둠을 삼켜' 가며 '화려하게 외출하는 간판' 은 마치 호객행위를 하기 위해 짙은 화장으로 얼굴을 가린 가녀린 존재들을 연상시킨다. '하루에 태어나고 죽는 수백 수천 개의 간판들' 이나 '수명 다한 간판들' 은 상업의 거리에서 쉽게 쓰여지고 버려지고 헤지고 낡아가는 존재들을 암시한다 할 수 있다. '간판' 의 몸짓을 가리켜 '외줄 타듯' 하는 '곡예' 라고 본 발상도 자본주의 및 상업의 거리를 바라보는 시인의 우울한 시선을 구체화시킨 것에 다름 아니다.

이처럼 사회를 향한 시인의 발언은 직설적이고 분명하다. 그리고 사회에 대한 비판 의식은 곧 노쇠한 자본주의에 대한 비판의 연장에 놓여 있음을 알 수 있다. 시인에게 자본주의는 본질적인 면에서 아직도 건재하는 악의 근원이자 뿌리가 아닐 수 없다. 어쩌면 자본주의라는 핵은 아직도 그 힘을 상실하지 않은 채 세계 곳곳에서, 삶의 부면 곳곳에서 깊숙

하고 고질적으로 뿌리박고 있는 실체가 아니겠는가.

> 버스들은 달리기 경주하듯
> 앞서거니 뒤서거니
> 아이들 태우고
> 세계 명문 대학을 향해
> 다람쥐 쳇바퀴 돌듯
> 급하게 도로에 뛰어든다
> (중략)
> 학원 앞에서
> 버스는 급하게 먹은 음식 토해내듯
> 아이들을 쏟아낸다
> 꿈을 새겨 넣듯 만들어진
> 모차르트 학원 가방
> 페르마 학원 가방
> 아인슈타인 학원 가방을 들고
> 아이들은 간판 속으로 뚜벅뚜벅 들어간다
>
> ―「희망을 싣고」 부분

이제는 어디서나 볼 수 있는 취학 아동들의 생활을 위의 시는 소재로 삼고 있다. 어린 초등학생 때부터 이 학원 저 학원으로 경쟁하듯 달려가야 하는 아이들의 생활은 이미 익숙해진 생활 풍경의 한 부분이 되었지만 그런 만큼 이들 풍경이 지닌 문제점에 대해서는 우리들 감각이 무뎌진 것 또한 사실이다. 아이들의 유일한 꿈이자 희망이 된 '일류대학 진학' 은 희망도 꿈도 아니고 아이들의 족쇄가 아닐까 하는 점이다. 이러한 목표들은 아이들에게서 자유를 빼앗고 즐거움을 빼앗고 꿈을 빼앗는다. 그 지상 목표가 사라지지 않는 이상, 아이들은 쳇바퀴 도는 다람쥐의 신세를 면하지 못하게 된다. 그리하여 아이들은 기계가 되고 껍데기가 되고 소화불량이 된다.

김희정 시의 다른 영역과 마찬가지로 이 작품에서도 우리는 사회를 비판하는 시인의 예민하고도 우울한 시선을 만나게 된다. 시인은 자신의 우울한 목소리를 숨기려 하거나 포장하려고도 하지 않는다. 그의 목소리는 여느 때처럼 분명하고 직접적이다. 따라서 이러한 그의 시는 사회 참여적 속성을 선명히 드러낸다는 것을 알 수 있다.

김희정은 많은 독자에게 사회 참여적 시인으로 기억되고 있다. 또한 일상을 따뜻하고 넉넉하게 끌어안는 품과 인상도 강하게 심어주고 있는 시인이다. 이 가운데 어느 부분이 김희정 시인의 본 면모인가 하는 의문에 대한 해답이 이번 시집 『아고라』를 통해 잘 드러나고 있지 않은가 한다. 김희정 시인의 본 면모는 어느 하나가 아니라 양면 모두에 있다는 점이 이번 시집을 통해서 밝혀지고 있다. "아고라"가 내세우는 광장적 속성인 참여와 자유, 다양성의 특징이야말로 김희정 시인의 성격과 똑같이 일치하는 것이기 때문이다.